DATE DUE			

I Like Biographies! Bilingual

Lee sobre
César Chávez
Read About César Chávez

Stephen Feinstein

Enslow Elementary
an imprint of
Enslow Publishers, Inc.

40 Industrial Road   PO Box 38
Box 398   Aldershot
Berkeley Heights, NJ 07922   Hants GU12 6BP
USA   UK

http://www.enslow.com

Words to Know

crops—Fruits and vegetables growing in the field.

farm workers—People who take care of the crops and pick them.

migrants—People who move from place to place.

union—A group of workers who fight for their rights.

Palabras a conocer

los cultivos—Frutas y vegetales que crecen en el campo.

los agricultores—Personas que cuidan y recolectan los cultivos.

los migratorios—Personas que van de lugar en lugar.

el sindicato—Grupo de trabajadores que luchan por sus derechos.

Enslow Elementary, an imprint of Enslow Publishers, Inc.
Enslow Elementary® is a registered trademark of Enslow Publishers, Inc.

Bilingual edition copyright © 2006 by Enslow Publishers, Inc.
Originally published in English under the title *Read About Cesar Chavez* © 2004 by Enslow Publishers, Inc.
Bilingual edition translated by Adriana Cruz Santacroce, edited by Susana C. Schultz, of Strictly Spanish, LLC.

Library of Congress Cataloging-in-Publication Data

Feinstein, Stephen.
[Read about Cesar Chavez. Spanish & English]
Lee sobre César Chávez = Read about César Chávez / Stephen Feinstein.— Bilingual ed.
p. cm. — (I like biographies! bilingual)
Includes bibliographical references and index.
ISBN 0-7660-2744-9
1. Chavez, Cesar, 1927– —Juvenile literature. 2. Mexican American migrant agricultural laborers—Biography—Juvenile literature. 3. Migrant agricultural laborers—Labor unions—United States—History—Juvenile literature. 4. Mexican Americans—Biography—Juvenile literature. I. Title: Read about Cesar Chavez. II. Title. III. Series.
HD6509.C48F4418 2006
331.88'13'092—dc22
2005020383

Printed in the United States of America

10 9 8 7 6 5 4 3 2 1

To Our Readers: We have done our best to make sure all Internet Addresses in this book were active and appropriate when we went to press. However, the author and the publishers have no control over and assume no liability for the material available on those Internet sites or on other Web sites they may link to. Any comments or suggestions can be sent by e-mail to comments@enslow.com or to the address on the back cover.

Every effort has been made to locate all copyright holders of material used in this book. If any errors or omissions have occurred, corrections will be made in future editions of this book.

Illustration Credits: AP/Wide World, pp. 1, 3, 13, 21; © Bettmann/Corbis, p. 17; César E. Chávez Foundation, p. 5; Walter P. Reuther Library, Wayne State University, pp. 7, 9, 11, 15, 19.

Cover Illustration: Arthur Schatz/Getty Images.

Contents/Contenido

1

Growing Up on a Farm

César Chávez was born in Arizona on March 31, 1927. He grew up on his family's farm.

César's grandfather was a poor farmer in Mexico. He came north looking for a better life in the United States.

La niñez en una granja

César Chávez nació en Arizona el 31 de marzo de 1927. Él creció en la granja de su familia.

El abuelo de César fue un agricultor pobre en México. Él vino hacia el norte en busca de una vida mejor en los Estados Unidos.

César was one of six children. Here he is with his older sister, Rita, at their First Communion.

César fue uno de seis hermanos. Aquí él aparece con su hermana mayor Rita, en su Primera Comunión.

César's grandfather bought a farm. He grew crops on the farm. The Chávez family paid workers to help them pick the crops. The farm workers moved from job to job. They were called migrant farm workers.

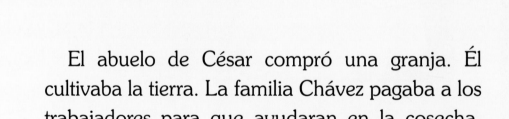

El abuelo de César compró una granja. Él cultivaba la tierra. La familia Chávez pagaba a los trabajadores para que ayudaran en la cosecha. Los agricultores cambiaban de trabajo todo el tiempo. Ellos eran llamados trabajadores agrícolas migratorios.

Migrant workers had to bend over to hoe crops in the fields.

Los trabajadores agrícolas migratorios debían doblarse para cosechar en los campos.

In 1937, César was ten years old. It did not rain much that year. Crops did not grow. César's father could not pay his bills. So the Chávez family lost their farm. They had nothing but an old car. Farm work was the only work they could do.

En 1937, César tenía diez años. Ese año no llovió mucho. Los cultivos no crecieron. El padre de César no pudo pagar sus cuentas. Así fue que la familia Chávez perdió su granja. Lo único que ellos tenían era un automóvil viejo. Lo único que ellos sabían hacer era trabajar la tierra.

César graduated from eighth grade in 1942. He was fifteen.

César se graduó de octavo grado en 1942. Él tenía quince años.

2

Hard Work for the Family

In the fall, the Chávez family became migrant farm workers, too. They picked vegetables and fruits. They moved from farm to farm in California. Sometimes they had to sleep in their car. Sometimes they stayed in work camps. The camps were not clean.

Trabajo duro para la familia

En el otoño, también los Chávez se hicieron trabajadores migratorios. Ellos cosechaban vegetales y frutas. Ellos se trasladaban de granja en granja en California. A veces los Chávez tenían que dormir en el automóvil. A veces ellos se quedaban en campamentos para trabajadores. Los campamentos no eran lugares limpios.

Camps for migrant workers were dirty.

Los campamentos para trabajadores
agrícolas migratorios eran sucios.

Life was very hard. Even the children had to work picking fruit or vegetables. Workers got paid for each box they filled. It took a long time to fill a box with fruit. They made only a few cents a day. The farm owners did not care.

La vida era muy dura. Hasta los niños tenían que trabajar en la cosecha de frutas o vegetales. Los trabajadores recibían paga por cada caja que llenaban. Llevaba mucho tiempo llenar una caja con fruta. Ellos sólo ganaban unos pocos centavos por día. A los dueños de las granjas no les importaba.

This ten-year-old girl is picking grapes and putting them on paper to dry.

Esta niña de diez años recoge uvas y las coloca sobre papel para que se sequen.

3

Helping Farm Workers

César wanted to help migrant farm workers. But he did not know what to do. Other workers came together in unions to fight for their rights. But farm workers could not do this.

In 1946, César went into the Navy. He got out in 1948. Then he went back to work in the fields.

Ayuda a los agricultores

César deseaba ayudar a los trabajadores agrícolas migratorios. Pero él no sabía qué hacer. Los otros trabajadores se unían en sindicatos para luchar por sus derechos. Pero los trabajadores agrícolas no podían hacerlo.

En 1946, César se alistó en la Marina. Él dejó la Marina en 1948. Luego él volvió a trabajar en los campos.

César married Helen Fabela in 1948. Later they had eight children. Three of their girls are shown here.

César se casó con Helen Fabela en 1948. Ellos tuvieron ocho hijos. Tres de sus hijas aparecen en la foto.

In 1952, César met Fred Ross. Ross worked for the Community Service Organization, or CSO. César helped Ross to get the workers together. Ross showed the workers how to vote. He showed them how to fight for their rights. In 1958, César became head of the CSO.

En 1952, César conoció a Fred Ross. Ross trabajaba para la CSO, Organización de Servicio Comunitario. César ayudó a Ross a reunir a los trabajadores. Ross mostró a los trabajadores cómo votar. Él les mostró cómo luchar por sus derechos. En 1958 César se transformó en jefe de la CSO.

Fred Ross and César worked together for the CSO.

Fred Ross y César trabajaron juntos para la CSO.

4

Making a Union

In 1962, César started a union for migrant workers. Then he got a great idea. He asked people not to buy any grapes until the workers made more money. Many people stopped buying grapes. The farm owners gave in.

Se crea un sindicato

En 1962, César comenzó un sindicato para trabajadores migratorios. Entonces César tuvo una gran idea. Él pidió a la gente que no comprara uvas hasta que los trabajadores ganaran más dinero. Muchas personas dejaron de comprar uvas. Los dueños de las granjas se dieron por vencidos.

This girl helped tell people about César's idea: Don't buy grapes.

Esta niña ayuda a transmitir la idea de César a la gente: No compren uvas.

Later, César started a new union. César's union got California to pass a new work law. Migrant farm workers now have the same rights as other workers.

César Chávez died on April 23, 1993. His hard work made life better for migrant farm workers.

Más adelante, César fundó un nuevo sindicato. El sindicato de César logró que California aprobara una nueva ley laboral. Los trabajadores migratorios ahora tienen los mismos derechos que los demás trabajadores.

César Chávez murió el 23 de abril de 1993. Su trabajo tenaz mejoró la vida de los trabajadores agrícolas migratorios.

This is César's grandson, also named César Chávez. He is standing in front of a picture of his grandfather.

Éste es el nieto de César, que también se llama César Chávez. Él está de pie frente a un retrato de su abuelo.

Timeline

1927—César Estrada Chávez is born near Yuma, Arizona.

1938—The Chávez family loses their farm. They move to California and become migrant farm workers.

1946—César joins the Navy.

1948—César marries Helen Fabela.

1952—César meets Fred Ross and goes to work for the CSO.

1962—César founds the National Farm Workers Association.

1965—César tells people not to buy grapes until the workers are paid fairly.

1974—California passes a law giving farm workers many rights.

1993—César Chávez dies in Arizona.

Línea del tiempo

1927—César Estrada Chávez nace cerca de Yuma, Arizona.

1938—La familia Chávez pierde su granja. Ellos se mudan a California y se hacen trabajadores migratorios.

1946—César se alista en la Marina.

1948—César se casa con Helen Fabela.

1952—César conoce a Fred Ross y empieza a trabajar para la CSO.

1962—César funda la Asociación Nacional de Trabajadores Agrícolas.

1965—César le pide a la gente que no compre uvas hasta que los trabajadores reciban una paga justa.

1974—California aprueba una ley que otorga derechos a los trabajadores agrícolas.

1993—César Chávez muere en Arizona.

Learn More/Más para aprender

Books/Libros

In English/En inglés

Herrera, Juan Felipe. *The Upside Down Boy/El niño de cabeza*. San Francisco: Children's Book Press, 2000 (Bilingual).

Krull, Kathleen. *Harvesting Hope: The Story of Cesar Chavez*. San Diego, Calif.: Harcourt, Inc., 2003.

In Spanish/En español

Davis, Lucile. *César Chávez*. Mankato, Minn.: Bridgestone Books, 1999.

Internet Addresses/Direcciones de Internet

In English/En inglés

America's Story from America's Library: Cesar Chavez
<http://www.americaslibrary.gov/cgi-bin/page.cgi/aa/chavez>

Cesar E. Chavez Foundation
<http://www.cesarechavezfoundation.org>

Index

Índice